Gezeiten des Lebens

Vulkan

Mensch

Titelbild und Zeichnungen : Hermann Brandl
Gedichte : Günter Scheibel

Von Mensch zu Mensch ...

Von Mensch zu Mensch
    den Funken springen lassen -
von Mensch zu Mensch
    die Hand berühren -
von Mensch zu Mensch
    das Unsichtbare fassen -
von Mensch zu Mensch
    die Augen sehend führen -

Geneigten Hauptes mal ein Ja zu formulieren -
auch wenn des Herzens Sturheit uns verblendet -
mit sanft geführter Zunge das Nein verlieren -
damit der Haß der Liebe sich zuwendet -

Dem Glauben eine Hoffnung geben -
mit innerer Bescheidenheit den Hort umkreisen -
um so im nestgeborgnen Heim zu leben -
ohne die eigne Macht sich ständig zu beweisen -

Von Mensch zu Mensch
    in der Pupille sich begegnen -
von Mensch zu Mensch
    das positive Streben sehn -
von Mensch zu Mensch
    dem Guten seine Untat segnen -
von Mensch zu Mensch
    auch über Ungewisses gehn -

Warum ...

Still umwoben stehen wir
        am Abgrund der Ruine -
den Brautschmuck
        noch im Haar verflochten -
strömen Gedanken
        gegen Augensinne -
verloren -
        oder Auferstehung -
was wir nicht vermochten -
        heut und hier
im Hause selber zu gestalten
        entschwand -
erschien nach all dem Zögern
        nicht mehr einzuklagen -
Verworren stehen wir -
        die Hand - in Hand -
begaffen unsre Klauen -
        zu feig zu fragen
warum - wars unsre Schuld
        oder der Zeitgeist
der es uns verwehrte zu erkennen
        was falsch - was gut
für uns und unsre Kinder -
        - entschwindet
uns nach all den Moritaten
        nur der Mut -
der uns an unsre
        Pflichten bindet -

...alleine

Ist die Begleiterscheinung unsres Lebens
die Stunde der Vergebung -
so hält sie all die Wünschenden vergebens
in Bewegung ...

Die Stunde rinnt - das windgeworfne Licht
zieht Kreise der Verzweiflung -
entschwindet - fließt ziellos weiter - bricht
die Tatkraft - die Verteuflung
des eignen Schattens findet Nahrung
in der Tiefe unsrer Brust -

Es scheint der Gegensätze unglückselge Paarung
schürt all die Grausamkeiten und die Lust -
bleibt ungebunden - bricht das Auge
zerschmettert Hals und Beine -
vorbei der Sinne ungetrübter Glaube -
es bricht das Haupt - läßt uns alleine ...

...Futterneid

Es sind die kleinen Dinge
die im Spiel wir sammeln -
die Freude an dem Strauch -
den Blumen -
egal wie wagemutig
wir uns hangeln
von Ast zu Ast - ein Vogel
sammelt - pickt die Krumen
und wird satt - das Eichhörnchen
belebt den Strauch -
schwebt freudetaumelnd
weg - von Ast zu Baum -
greift huschend auf vom Boden
was es braucht -
und überlebt die Kälte -

ein > Menschen - Wintertraum <

Wir müssen lernen
mit dem Wind zu leben -
den Fluß das Meer
uns zu erhalten -
uns wird kein anderer
im Winter Futter geben -
wenn wir nicht achtsam
unsern Traum gestalten -

der Weise

Der Weise reift seine Gedanken -
hängt der Vergangenheit nicht nach -
erlebt der Zukunft Blätterranken -
erfasst sein Innerstes gemach -

Erfüllt im Geiste - greifen Augen
Ohren - Hände nicht in Hast
nach Licht und Aberglauben -
sanft - gleich dem Universum - faßt
ein Erleben nach dem andern -
greift Schwingungen in Einheit auf -
vermeidet ruheloses Wandern -
erklimmt den Tag - geht stets bergauf ...

... den Nächsten lieben

Vergessen haben wir den Tag der Ungeduld -
vergessen auch die Nacht - mag Unschuld
uns erfüllen - wir können nicht zurück -

Dem Nächsten haben wir das
böse Wort vergeben -
wir selber harren aus
an einem Ort -
und leben weiter -
warten auf das große Glück -

Wir fühlen Schmerzen -
die die Brust zernagen -
wir bäumen uns -
empfinden Lust - und fragen
wer die Kraft wohl spendet
uns nicht der Trübsal hinzugeben -
den Frohsinn zu bewahren - zu leben -
auf Wohlstand zu verzichten -
zu warten bis das Blatt sich wendet -

Wir müssen nur den Nächsten lieben
wie uns selbst -
von innrer Liebe angetrieben
erhältst du mehr -

... als du in einem Leben fassen kannst -

Funken

Es ist die Ruhe - die im Funken überspringt -
das Feuer - welches dir die Wärme spendet -
der Gleichmut - der dir Freude bringt
indem er dich dem Anderen zuwendet -

Verloren taumeln Witz und Tollerei
alleine auf dem Feld der Ähren -
werden entblöst - brechen entzwei -
dagegen müssen wir uns alle wehren -

Ernsthaftigkeit uns selber zu beweisen -
den Schmerz der tausend Schwerter eingestehn -
die eigne Tat uns selber gut zu heißen -
dabei den eingeschlagnen Weg auch weitergehn -
erfordert all die Ruhe - die im Funken überspringt -

Das Feuer müssen wir nun selber schüren -
den Pfad beschreiten der uns Leben bringt -
und so versuchen - auch den Anderen zu spüren -

... Augen

Rot - in ungewohnte Tiefen schwimmt der Strom hinaus
ins All - verzögert Fluss und Halt - entgleitet
der Harmonie - fügt still sich ein - strömt aus
und bricht in Wellen ab - sanft weitet
sich der Horizont - entschwindet in den Tag -
hält sich zurück - schafft Gegensätze -
was ich erkenne - nicht ertrag
ist der Verlust der Seelenschätze -

Der uns erschlossne Alltag
hat seine eignen Regeln - wir verachten
Schmerz und Scharlatanerie - mag
es wohl gut sein was wir hier betrachten
doch geht es niemals sanft an uns vorbei -
wir müssen Handeln - uns im Handeln üben
vorbei an falschem Menschenallerlei -
ohne den Sinn für Menschliches zu trüben -

... erheben

Du fällst - wenn deine Augen ruhn
tief in den Schlaf der Welt hinein -
eröffnest dir den Raum der Gegensätze -
erlebst dein eigenes und auch des andern Tun
im Farbentraum - kannst schweigen oder schrein
im schwerelosen Fall - es gelten andere Gesetze -

Die Arme - deine Beine werden schwer -
beziehen Kraft aus einem Wurzelparadies
das raumlos Leben um uns breitet -

Im Nebel unsrer Fantasie entschwindet das Meer
der unbeschwerten Freude - die uns verließ
als einst der Apfel fiel - nicht vorbereitet
auf die Last des Leidens - vergnügten wir uns hemmungslos
 - vergaßen Baum und Strauch zu pflegen -
setzten den Fuß auf falschem Wege fort -

Zurück strebt unser Drängen - das unbeglückte Los
des Leidens zu ertragen - die tiefgefallne Hoffnung hegen
aufzutauchen - uns zu erheben - an einen andern Ort ...

Spiegelbild....

Wir blicken in den Spiegel -
sehen Augen - Mund und Wangen -
verschlossen mit dem Siegel
der Vergänglichkeit - und bangen
das Schattenlicht zu sehen -
erkennen lichterblau um uns das Schweigen
als ungewollte Prüderie -

Dem Gegenüber wolln wir zeigen -

- ich ganz allein bin das Genie -
erkenne Mensch und Tier in gleicher Weise -
bin duldsam still im gleißenden Gewitter
der Menschlichkeit - werde nicht weinen -

Doch sehen wir hinaus - erblicken Graus und Flitter
dieser Welt - erkennen wir die Deinen und die Meinen
als unbekannte Wesen nicht mehr wieder -

Der Kern in uns glüht feuerspeiend Haß -
und Peitschenhiebe fein versprüht in Worten -
treiben den Völkermord aus Spaß -
ergötzen sich an totgeweihten Orten -

... es ist der Mensch -
          ... als Täter auf dem Erdenball -

...weiter

Aufrecht stehen und ein Lächeln zeigen -
nicht verzweifeln - einfach weitergehn -
auch wenn die Wege unter dir sich neigen
wird aus jeder Wurzel Neues dir entstehn -

Die Wolken ziehen leicht am Firmament
dahin im Sonnenschein -
dein Auge sprüht das Lebenstemperament -
mit wahren Freunden bist du nie allein -

Verwehren dir des Herbstes Nebelbänke
auch deinen Blick in weite Ferne -
so bleibe stehn und lenke
deine Kraft nach innen - die Zisterne
deines Lebens ist gefüllt mit Kraft und Energie -
du schaffst den Berg der vor dir in die Wolken steigt -
in dir steckt Glaube und die Harmonie
der Schöpfung - die einen Weg nach oben zeigt -

... Entzug

Wer sind die Beine die uns tragen -
wer füllt das Herz im stummen Blick der Welt -
berechtigt Zweifel uns allein zu fragen -
was uns - den Mensch - zusammenhält -

Sich ein Gelübte auferlegen befreit
den Glauben nur - nicht unser Tun -
wir irren in den Sternenbildern - geneigt
dem Bett - in dem wir ruhn -

die Wärme zu entziehn -

....das Grün

Feuer löscht uns nicht die Glut in unsern Herzen -
es ist auch nicht das Wasser was uns dürsten läßt -
wir leiden als Verursacher der Schmerzen -
und treibens bis Geist und Seele uns verwest -

Gekonnt ermuntern wir uns selbst den Berg zu stürmen -
dem Meer zu trotzen gegen all die höhere Gewalt -
auch wenn sich in uns Zweifel türmen -
der Neid - der blinde Haß gibt falschen Halt -

Erliegen wir den schamerbleichten Träumen -
ist es zu spät - wir werden heimwärts gehn -
ohne das Grün - welches den Bäumen
Leben spendet - wieder zu sehn -

......Vertreibung

Es streicht das Haupt uns durch den Wind -
erkennt das Flüstern nicht - auch nicht das Brüllen -
erschreckt den Vater und das Kind -
ist nicht bereit die Leere mit Erkenntnissen zu füllen -

Wir streichen Arm in Arm vorbei an den Ruinen
unserer Gemeinsamkeit - ohne den Puls zu spüren -
der uns lenkt - verlernen zu gewinnen
und können unsre Herzen nicht mehr führen -

Gelobtes Land in unserm Haupt entschwindet -
entgleitet den Gedanken und dem Herzen -
desgleichen sich der Körper windet -
geplagt - geschunden - wund vor Schmerzen -

Ein Ende - nein der Anfang wars gewesen
in unserm kurzen ungebundnen Menschenlied -
wir treibens bunt - sind wohlbelesen -
und sehen nicht was uns das Paradies vertrieb -

Schuld

Geboren in den Monaten des Aufstiegs
und des Untergangs -
- wo liegt der Unterschied -

Wir greifen tief in unsre Weste -
graben hoffnungsvoll
nach Noten - nach dem Lied -

Vergangenheit ist allen angeboren -
wir wollen ihr auch nicht entfliehn -
es scheint als hätte sich ein jeder
seinen Ort schon vorher ausgewählt -
den Schmerz - das Leid - doch
wo kein Richter da kein Kläger -

wir tragen alle unsre eigne Schuld -

wie zurück ...

Begreifen werden wir im Spiel von dir zu mir
den Anfang nicht und nicht das Ende -
die Finger tasten - streicheln - zeigen dir
wie schön es ist wenn sie behende
dich in die Welt des Urwalds -
der endlich grünen Phantasie entrücken -

Du fällst tief - entbehrst des Halts
um deine Arme - fällst tiefer - es erdrücken
dich im Fluge die Gedanken und das Sinnen
nach viel mehr - die ungewohnte Lust ergreift
den Nabel und die Stirn - und ehe beide sich besinnen
ward alles abgestreift -

Wie nun zurück aus diesem Paradies der Fülle -
wie hier erwachen und nicht Fremder sein
in seiner eigen Haut - erhebe dich - deine Gefühle -
nimm alles mit - so bleibst du nie allein -

Zwischenzeit

Schon beinah unvergessen liegt dein Arm
um meinen Hals - berührt den Atem
der mein Haus verläßt - schwebt warm
dahin - umzüngelt mich in Raten -
beginnt ein neues Lied -

- das meinen Augen - meinen Ohren
die Geschichte vom dem Tag und von der Nacht
erzählt - gewagt und auserkoren
entspringt in diesen Räumen neue Pracht -

Es fällt der Tag nicht vor der Stunde
hinein in neue Phantasien - die feinen Poren
öffnen nicht ein Paradies - vor dieser Runde
liegt der Teich noch offen - ich hätt's geschworen
noch eh' der Kranich zieht -

Dazwischen liegt der Waage Zünglein - unverborgen -
ganz nah dem Traum - und Schattenreich -
der Phantasien reiche Träume zu versorgen -
mal teufels - mal auch engelsgleich -

Wir lösen uns von all den Träumereien
und stecken sie in eine Zwischenzeit -
werden die Wanderorgel leiern -
sind für den Arbeitstag bereit -
und gehen weiter - das Herz weit offen ...

...kalt

Siehst du die Zaubersilhouette
über deinem Nebelfeld -
sie liegt wie Flaum auf deinem Bette
welches die Wärme hält -

Im Untergang der Sonne
beschert des Abends Purpurrot
dem Auge ungewohnte Wonne -

Vergleichbar kalt -
    ... beginnt die Sternennacht -

... die Wahrsagerin

Du kennst das Gestern schon -
und auch das Jetzt -
und nur das Morgen läuft davon
aus deiner Bahn - verletzt
in all deinen Gefühlen
suchst du Halt - doch Schmerzen -
die heimlich in dir wühlen
verbieten dir zu scherzen -
auch zu resigniern - du gehst den Weg
in deiner Lebensbahn - doch ohne Stütze
stolpern dir die Beine und der Steg
wird schmal - was ist es nütze
zu trauern - gar den Mut verlieren
im Stundenwechsel deiner Zeit -
du mußt hinaus das Leben spüren
und atmen - das Innerste befreit
zu neuem Handeln zwingen -

Ein Mensch hat dir das Morgen heut erzählt -
so manche Wahrheit dir gesagt - gelingen
wird es nur im Wissen das Richtige gewählt
zu haben - in der Natur der Dinge
die dich umgeben -
was es auch sei - gewinne
Atem und den Mut - lebe dein Leben -

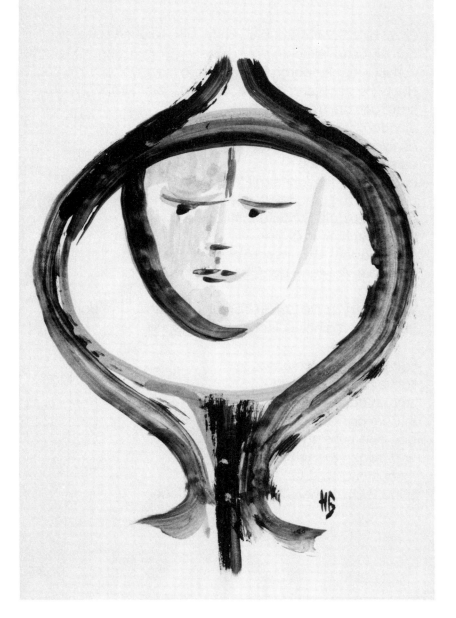

... umhüllt

Es wirbelt Sonnenstaub durch frühlingswarme Lüfte -
der Herbstwind spielt die schönsten Saiten seiner Melodie -
vorbei an tieferlebten Sinnen verflossner Düfte
zieht uns der Klang des Universums - ein Genie
schuf uns den Mantel dieser
wunderbaren Zeit -
es wiegt das Auge sich -
es strömt der Fluß -
auch wenn das Jahr sich klar
und bunt zu Ende neigt -
erfüllen wir die Schöpfung mit dem
heißersehnten Kuß
der Gnade - die unser Leben mit allen Farben
und dem Vielklang der Gespielinnen erfüllt -

Vergessen ist die Zeit in der wir hungerten und darbten
im Schatten eines Windbruchs eingehüllt -

Wir leben - fühlen unser
Lächeln in den Augen -
zeigen das Haupt
in dem das Lächeln steht -
genießen unsern Blick -
und tragen uns wie reife Trauben
hinaus in eine Welt -
in der sichs frohen Herzens besser lebt -

Zeit der Schlange

Gezeichnet sind die Tage hier im Paradies
da uns die Wolkenherden friedlich überspannen -
das gleichmutsanfte Lächeln uns verließ
noch ehe wir der Grausamkeiten sannen -

Visionentief entwickeln Winde sich zu Strudeln
in Farben die dem Auge gleiches tun -
die Feuersbrunst - das Meer - wir trudeln
weiter - ist es Blut - oder der Himmel da wir ruhn -

Es zeigt kein Feuerwerk die Pracht
bevor es explodiert - auch nicht den Schaden
wenn fälschlich eine Bombe kracht -
... wir gehn in Menschenfarben baden -

- noch ehe uns der Wasserfall das Ende
eines Sommerfestes deutet -
zu spät - der Tag für eine Wende -
zu spät - bis sich die Schlange häutet -

... Wärme

Du kennst die Glücksgefühle
wenn sie deine Seele tief durchstreifen -
wenn sich Wolken öffnen
und der Tag beginnt -
wenn in dir Lebensfrüchte reifen -
kein Zweifel auf den Wassern schwimmt -

Begreifst das Wort du
welches nie gesprochen
auf den Lippen liegt
und schweigt -
den Zauber - der noch ungebrochen
die ganze Kraft nach deinem Herzen neigt -

Es ist die Welt
in der du einst geboren -
die Sonne die dem
Herzen Wärme spendet -
das Lebensparadies das du dir auserkoren -
der Weg - auf dem das Blatt sich ewig wendet -

...streicheln

Was schreckgebunden tief im Herzen liegt -
von keiner Hand gestreichelt - nicht
getragen werden kann - versiegt
wie eine Quelle - erlöscht wie Licht
das atemlos im Finstern steht -

Denn gute Worte ganz allein gestalten
keinen Sommer - der geht
dahin - im Kreise der Gewalten
verblüht - und reift zur vollen Herbstesfrucht
wohl nie heran - gesät wurde im Glauben
die Ernte wohlverdient zu haben - die Wucht
der Sommerstürme droht zu entlauben
was gesät - gepflegt - verwöhnt -
ein manches Mal wohl auch verflucht -

Die Früchte hätten uns versöhnt -

Gestreichelt haben wirs -
            ... im guten Glauben wohl versucht -

... nimmer wiedersehn

Du weißt es besser -
ich kann nichts dagegen tun -
es war schon immer so -
wir ließen es auf sich beruhn -

Ich wollte helfen -
wurde immer wieder abgewiesen -
so resignierte ich -
habe dein Wissen wohl gepriesen -

Dann hab ich aufgegeben -
ich wollte nicht - auch das ließ ich geschehn -
so ging ich fort -
du weißt es besser - auf nimmer wiedersehn -

Sonnenuhr

Der Zeiger fällt der Stunde zu -
dreht unabwendbar seine Kreise -
beginnt stets neu - zieht ohne Ruh
dahin - auf eine andre Reise -

Das Herz schlägt still den Rhythmus weiter -
der Atem gleitet unhörbar in seinen Bahnen -
ermöglicht Aug und Ohren heiter
in Farben und in Tönen zu erahnen
was manchem Tor im eignen Haus verwehrt -

Gelassenheit im Innersten zu finden -
im eignen Kreis sich drehn und wenden -
den Gleichlauf seiner Stunden überwinden -
im Anfang seiner Zeit zu enden -
wird uns als Aufgabe gestellt -

Den Zeiger und das Herz erfassen -
den Gleichmut grüner Wälder sehn -
uns mit dem Leben zu befassen -
bedeutet - den Weg der Sonnenuhr zu gehn -

...menschlicher

Die Stimme - tönt - erzählt -
was oft nicht ausgesprochen -
man nimmt sie an - man wählt
sie aus - ist schon an ihr zerbrochen
wenn man den falschen Ton geschlagen -

Die Worte gehen unter - werden verdrängt -
man wird es nicht mehr wagen
zu widersprechen - es wird aufgehängt -

Wo bleibt der Seele Feingespür
im Umgang mit dem eignen Leben -
oder ist's wahr - wir können nichts dafür
daß Tiere - sich menschlicher begegnen -

...geschafft

Vater - du hast mich frei gegeben -
auf dem Weg hinaus in eine rauhe Zeit -
für mich beginnt ein neues Leben -
auch wenn es schien - ich wäre nicht bereit -

Zu lange schon saß ich im Schatten
frühlingslauer Phantasien und träumte -
vom Erfolg den andre hatten -
zu spät für mich - es bäumte
sich in mir das Sanfte auch das Wilde
auf - es wehrte sich - ich war der Kern
und nicht der Spielball im Gebilde
trüber Spielerei - zu gern
erfuhr ich schon zu jener Zeit
die Grenzen meiner Kraft -
heut rufe ich dir zu - befreit
von alter Last -   ... geschafft -

...eile nicht

Erkennst du nicht sofort -
wenn jemand gegenüber steht -
das Wesen der Gestalt -
so eile nicht in deinem Wort -
nicht jeder der vorüber geht
hat sich und seine Sinne in Gewalt -

Es täuscht das Auge sich -
die Ohren finden manches Sausen
als Wohlklang - fühlen nicht den Schmerz
der dich ganz innerlich
zerreißt - es wirbelt um dein Haupt ein Brausen -
täuscht Mund und Ohren - stört dein Herz -

Halte dich frei - dein Innerstes laß offen
für Dinge die du nicht sofort erkennst -
den Schaden halte von dir fern -
denn kommt der Bumerang zurück - wirst du getroffen -
er holt dich ein - egal wie schnell du rennst -
....

...Irrtum

Wir sprechen
von der Seelenwanderung -
von den Erfolgen
die eine neue Welt beschert -
blicken hinaus -
und sehen nichts -
wir werden
eines Besseren belehrt -

Die Geister die wir riefen -
sind wir los -
sie haben ohne daß wir wollten
das Feld geräumt -
denn unsre Überheblichkeit
war groß -

Wir haben nur zur falschen Zeit
den falschen Traum geträumt -

,,, reingefallen

Wenn Nebelschatten kalt das Licht des Monds umhüllen -
und kleine Geister durch die dunklen Wälder streifen -
dann nähern wir uns einer kalten - langen Winterzeit - erfüllen
wieder einen Teil im Kreislauf der Gezeiten - begreifen
dann daß wir dem schnellen Wechsel - Licht zu Schatten -
ausgeliefert sind - wir fühlen Wärme im Gebet der Blume
die am Altar - auf unsern Stufen steht - wir hatten -
leicht die Lippen offen - den Dank schon auf der Zunge
liegen - als es geschah - die Geister haben den Verstand
uns ausgeblasen - wie ödes Licht - dem keine Zukunft schien -
wir stumpften ab - fielen in Agonie - und führten die Hand
gegen die eigne Seele - begannen zu verblühn -

Der Mond im Nebelschatten hat uns eingeholt -
die Geister die wir glaubten für immer los zu sein -
haben zum Staatsempfang den roten Teppich ausgerollt -
und wir - als eitle Menschen - fielen darauf rein -

gelegentlich ...

Gelegentlich - wenn ich die Zeit mal wieder finde -
erzähle ich den Kindern wie es war -
als Junge schnitzte ich den Traum in Rinde -
heut zahle ich mit Karte - nicht mehr bar -

Das feine Glück - welches von Hand zu Hand
strömt wenn man sich berührt wird abgedrängt -
man will es einfach nicht mehr wissen - und elegant
umgeht man den Blick von Angesicht zu Angesicht - hängt
seinen Mantel an den Haken - genügt der Parodie
auf Ehrlichkeit und freundschaftlicher Banden -
unfähig zu erkennen daß wir ohne Lebensharmonie
im Müllchaos der Abraumhalden landen -

Gelegentlich - wenn ich die Zeit gefunden -
erzähle ich den Alten wie es war -
wir haben uns in Neid und Eifersucht zerschunden -
es war die Suppe - nicht das Haar -

Licht.

Du gehst vor deine Tür -
bewegst dich einen Schritt hinaus
und stehst im Dunkeln -
du kannst ja nichts dafür
daß keine Lichter glühn -
und in dem Nachtgemunkel
der Fasane vor deinem Haus
liegt nicht das Sinnen deiner Träume -

Was ist es dann ...

Bewegung - Gleichmut - oder Tollerei -
egal - es hat dein Herz noch nicht bewegt -
in dir herrscht Leere - die den Atem weggefegt -
es ist ein unerklärlich Einerlei -

Hast du's erkannt ...

Du bist hinausgetreten vor die Tür
und standst im Dunkeln -
um dich herum - was war es noch -
Gemunkel -
oder Träumerei -
versuch es noch einmal -
es steht dafür -
der Tag danach - bringt Licht zu dir -

...glücklich

Glücklich ruhen meine müden Augen -
gleiten in die Nacht hinein -
Gedanken strömen auf und glauben
dieses Glück muß eben sein -

War es Jahre mir verwehrt die Hand zu finden
die den Finger rührt - so strömt die Fülle
dieser Stunden weit mehr aus - zu ergründen
bleibt das Fundament und auch die Hülle
die um uns unsichtbar im Äther schwebt -

Was bisher in mir lag - verborgen -
bricht aus - wohl kaum jemand versteht
je den Vulkan der eine Welt von heut auf morgen
in fruchtbar - blühende Gedanken wandelt -

Das Glück strahlt aus - führt meinen Sinn -
ich lebe - und ein neues Wesen in mir handelt -
führt mich zu endlos weiten Zielen hin -

...scheu

Du läufst den Hang entlang -
auf etwas zu - was dir noch unbekannt -
ergreifst die schwüle Leere - dann
erfaßt du sein Gesicht - erkannt
hast du es nicht - es war dir neu -
es gab dir unbekannte Ruh -

... doch es erfaßte dich nicht Scheu -
du gingst ganz einfach auf ihn zu -

Ein Lächeln huscht von Angesicht zu Angesicht -
zwei Hände sind bereit sich zu begegnen-
in beiden Augen strahlt ein Licht -
ein ungeahntes Glück beginnt sich hier zu regen -

Es ist der Anfang - nur ein Augenblick -
- es folgen viele neue Stunden -
und keine Wange zieht sich hier zurück -
man muß das Neue sanft erkunden -

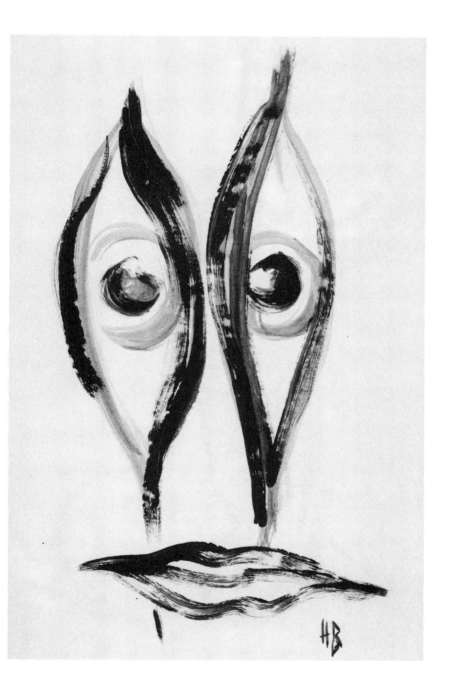

....lachen

Belebe dein Gesicht mit einem Lachen
denn es steht dir gut -
denn traurige Gesichter machen
dem Fröhlichsten meist keinen Mut -

Die Seele spiegelt sich in deinen Augen -
gibt Klang und Hoffen deines Herzens frei -
der Menschengeist hält dich in seinen Klauen -
umhüllt dein Haupt - wie fröhlich es auch sei -

Zeige dein Lachen - mach dir Mut -
erfüllt wird Körper - Geist und Seele gleich -
erfahre dann wie gut es tut
zu leben - hier im Erdenreich -

Herbstnot ...

Du stehst im Garten
vor den bunten Bäumen
ergötzt dein Auge - warten
mußt du - möchtest träumen -
doch die Zierde deiner
Völlerei entzieht dir
dein Gefühl - und keiner
spürt das > Wir <
im Ablauf der Gedanken -

Es säuselt Blätterdonner -
bunte Früchte ranken -
der letzte Sommer
geht vorbei - an dir -
an mir - es tönt die Melodie
der Winterzüge - wir
entfernen uns - wie nie
im Leben vorher spüren
wir ein Treiben in den Adern -
unsre Augen führen
das Bild vorbei - wir hadern
mit dem Schicksal - wo es nichts
zu hadern gibt - blicken vorbei
an uns beschertem Glück -
verfallen unnütz ins täglich Einerlei -

... Mondschatten

Trete vom Mondlicht
in den Sonnenschein -

> begreife dich als Wandrer
dieser Welt <

entflieh der kalten Schattenpein -
erschaffe dir ein neues Lebenszelt -

Manche Gefühle brennen
ungewollte Schmerzen -
da du im falschen
Schatten stehst -
bekenne deine Mühsal dir im Herzen
noch ehe du den neuen Weg begehst -

Befreie Geist und Seele
auf dem Weg nach oben -

> begreife dich als Wandrer
dieser Welt <

erkenne dich - vom Geist umwoben
als Mensch - in diesen Raum gestellt -

...erfüll sie dir

Mondlicht steht im Zeichen einer Stunde
die dem Tag entweicht - den Wind
in seine Kreise stellt - gesunde
Blätter von den faulen trennt - ein Kind
zeigt mit den Fingern aufgeregt nach oben -
deutet Wolken und das Firmament
als Weide - wo in wildem Toben
der Vulkane das Feuer brennt -

Im keuschen Farbenwirbel tausendfach
geplatzer Fantasien entfaltet sich ein Paradies
aus Wohlklang und Glückseligkeit - gemach -
erstürme nicht den Himmel - genieß
dein Leben hier in dieser Welt -
erfülle Täume dir in deiner Wirklichkeit -
erfüll sie dir - allein auf dich gestellt -
in einer lebensfrohen Erdenzeit -

... Kastanien

Vergesse die Kastanien nicht
die du als Kind gesammelt
mit deinen Händen - einzeln -
Schritt für Schritt im Grase ausgemacht -

Du hast vom Kind nach oben
zum Erwachsenen dich gehangelt -
doch beim Kastaniensammeln
hat dich niemand ausgelacht -

So lasse es auch heute
nicht geschehn -
wenn deine Schritte dich
auf deinem Weg begleiten -

Manch einer neben dir
hat die Kastanien nicht gesehn -
was sollst du heute dann
in deinem Garten mit ihm streiten -

Epilog

Der Nordstern
weist die Richtung
seit millionen Jahren -
führt Wanderer auf Land -
das Schiff zur See -

Der Menschen Schritte ziehen
Bahnen durch die Geschichte -
Das Blut der Sterbenden
zerbrach das Paradies
im Schwerterklang -

Wohlwollen zum falschen
Zeitpunkt - ließ das Farbenspiel
ergrauen - die Lichtertore
schlossen sich -
das Wasser ward zu Eis -

Gleichbleibend tief
erfüllte nur der Haß
im Menschen seine
Lust - verborgen
im Vulkan der Triebe -

Wo bleibt die Menschlichkeit -
der Blick in all den Augen
ruft Sehnsucht wach -
die schlummernd - tief
in jedem Herzen liegt -

1

Gehorsamheit
der eignen Richtung zollen -
dem Nachtstern Ehrfurcht
und Respekt erweisen -
sich auf dem Feld
der Ehre tollen -
die Richtung sehen -
nicht entgleisen -

Egal in welchem Element
der Erde wir uns heut bewegen -
die Gegensätze sollten Ansporn -
nicht wir ihr Spielball sein -
es werden stets die Kräfte
in uns sich erheben -
und doch - bestimmen wir
die Regeln - ganz allein -

Der Nordstern leuchtet einen Weg -
zeigt Richtung und Beharrlichkeit -
zu überschreiten ist der Steg -
von hier nach da - uns bleibt die Zeit -

2

Seit uns das Schwert erfunden -
und die Geschichte Kriege uns beschrieb -
war stets der Haß im Neid verbunden
was uns zum Brudermorden trieb -

Kein Körnchen Staub auf dieser Erde
hätt heute noch die eigne Farb -
in totem Rot läg eine Menschenherde -
versunken in nur einem Grab -

Doch gibt es Hoffnung -
es vertreibt das Firmament
den Feuerstrahl - der sich
von Bruder hat
zu Bruder hin bewegt -
und man erklärt sich
tausendfach bereit
aufs Neue immer wieder
zu verzeihn -
bis in Jahrhunderten sich
dann der Haß gelegt -
und alle Brüder sich
vom roten Staub befrein -

3

So bleicht das Rot sich
aus den Körnern -
die Bäume blühen -
ziehen grüne Gürtel um das Land -
es streifen Büffel durch die Steppen -
auf ihren Hörnern -
weiße Fahnen -

Der Mensch -
das Schwert zur Hand
hat es noch immer
nicht begriffen -
daß es zu jeder Zeit -
auch jetzt -
nur seinen Erdenball betrifft ---

4

Nordstern -
Schwerter -
weiße Fahnen -
Bruderhaß -
und Menschenherden -

wer kann
all das Gute
ahnen -
soll es in uns
wirklich werden -

tausende
von Stimmen
fallen täglich
auf uns ein -

tausende
Gedanken
jedoch geben
keinen Reim -

So bleibt in Lavaglut
verborgen -
was ein Glück
in Frieden wär -

nach dem Vulkanausbruch
von Morgen -
ist diese Erde
menschleer -

Inhalt

Biographien

Hermann Brandl, geboren 1946 in Grünlas bei Karlsbad,
jetz wohnhaft in Pfronten - Steinach, Einsteinweg 2a,
Ausbildung :
Malerei bei Prof. M. Schürg,
Bildhauerei und Bronzeguß M. Wank,
Metallbildhauerei und Kunstschmied M. Bertle.
Sechs Jahre arbeitete Brandl als Metallbildhauer
und Kunstschmied.
Mitglied des Berufsverbandes
Bildender Künstler (BBK) Bayern.
Ausstellungen:
München-Augsburg-Bonn-Stuttgart-Ludwigsburg
Irsee-Memmingen-Kempten-Singapur

Günter Scheibel, geboren 1944 in Füssen
wohnhaft in Füssen, Geometerweg 43,
1964 Abitur - 1965 - 68 Verlagslehre in Stuttgart.
1969 Studium an der Hochschule in Darmstadt,
Seit mehreren Jahren selbständiger Verleger in Füssen.

Desweiteren erschienen im gleichen Verlag aus der Reihe
> Gezeiten des Lebens <
mit Bildern von Hermann Brandl und Gedichten von Günter Scheibel:

Glaube - Hoffnung - Liebe   Visionen
ISBN 3 - 7717 - 0278 - X   ISBN 3 - 7717 - 0340 - 9

© 1994 Emil Fink Verlag
Stuttgart

ISBN 3 - 7717 - 0279 - 8